猴子和大象

The Monkey and the Elephant

海豚出版社

yì tiān　dà xiàng duì hóu zi shuō　　wǒ de lì qì dà　wǒ zuì liǎo bù qǐ
一天，大象对猴子说："我的力气大，我最了不起。"

hóu zi shuō　　wǒ shàn yú pá shù　wǒ zuì liǎo bù qǐ
猴子说："我善于爬树，我最了不起！"

One day, an elephant () said to a monkey:"I'm very strong, so I'm the most terrific one." The monkey ( ) retorted:"I'm good at climbing trees, I'm the most terrific one!"

他们吵个不停，于是去问小羊："小羊，你说说看，力气大和善于爬树，哪个本领大？"

They quarreled bitterly and endlessly without a conclusion. So they went to the Lamb ( ) for a definite answer, "Lamb, being strong and having the skill of climbing trees, which is better?"

xiǎo yáng xiǎng le yí xià shuō hé nà biān yǒu xǔ duō yē zi shù nǐ men qù
小羊想了一下，说："河那边有许多椰子树，你们去
bǎ yē zi cǎi lái wǒ zài gào sù nǐ men
把椰子采来，我再告诉你们。"

The Lamb () thought for a moment, and then said: "There are some coconut trees on the other side of the river. You two go and pick some coconuts, and then I'll give you the answer."

xiǎo yáng xiǎng le yí xià shuō hé nà biān yǒu xǔ duō yē zi shù nǐ men qù
小羊想了一下，说："河那边有许多椰子树，你们去

bǎ yē zi cǎi lái wǒ zài gào sù nǐ men
把椰子采来，我再告诉你们。"

The Lamb () thought for a moment, and then said: "There are some coconut trees on the other side of the river. You two go and pick some coconuts, and then I'll give you the answer."

yú shì　hóu zi hé　dà xiàng lái dào hé biān　hóu zi náo le náo tóu　　zhè xià
于是，猴子和大象来到河边。猴子挠了挠头："这下

wán le　　wǒ bú huì yóu yǒng　guò bù liǎo hé
完了，我不会游泳，过不了河。"

The monkey and the elephant ( ) got to the river bank. The monkey
( ) scratched his head, thinking, "Oh, no! I can't swim. How can I cross
the river?"

dà xiàng shuō   méi guān xì   wǒ lì qì dà gè zi gāo   wǒ bēi nǐ guò hé

大象说："没关系，我力气大个子高，我背你过河。"

The elephant () said: "It doesn't matter. I'm tall and strong. I can carry you across the river."

lái dào shù xià　dà xiàng shuǎi le shuǎi bí zi　zhè me gāo de yē
来到树下，大象甩了甩鼻子："这么高的椰

zi shù　zěn me pá a
子树，怎么爬啊？"

They arrived at a tree. The elephant () swung its trunk,
thinking, "The tree is so high. How can I climb to its top?"

猴子说："别着急，我上树去摘，你在下面捡就行了。"

The monkey ( ) said: "Don't worry. I'll climb up the tree and pick the fruit. You can pick them up under the tree."

hóu zi pá dào shù shàng wǎng xià rēng yē zi　dà xiàng zài xià miàn jiē
猴子爬到树上 往下扔椰子，大象在下面接。

The monkey climbed up the tree and dropped the coconuts to the ground, and the elephant ( ) picked them up.

huí qù de shí hòu dà xiàng yòng bí zi tuó zhe hóu zi hóu zi bào zhe yē zi
回去的时候，大象用鼻子驮着猴子，猴子抱着椰子，

yì qǐ lái zhǎo xiǎo yáng
一起来找小羊。

On the way back, the monkey sat on the elephant's trunk, holding coconuts in his hands.

小羊说："你们还没明白吗？没有大象，猴子过不了河；没有猴子，大象也采不到椰子。你们团结起来才最有本领。"

The Lamb said: "It is clear that, without the help of the elephant, the monkey can't cross the river; on the other hand, without the help of the monkey, the elephant can't pick the coconuts either. So being united as one is most terrific."

大象和猴子不好意思地笑了，他们请小羊一起品尝美味的椰汁。

The elephant ( ) and the monkey ( ) smiled shamefully, and they invited the Lamb to share the sweet coconuts with them.

数一数图中有多少个椰子？
How many coconuts are there in the picture?

乌鸦兄弟

Crow Brothers

sēn lín biān de dà shù shàng yǒu jiān fáng zi　　lǐ miàn zhù zhe ā dà hé ā èr

森林边的大树上有间房子，里面住着阿大和阿二

liǎng zhī wū yā

两只乌鸦。

There was a house in a big tree (　) at the edge of a forest. There lived two crow (　) brothers, Crow A and Crow B.

yì tiān fáng zi pò le yí gè dòng ā dà kàn le xīn xiǎng ā èr huì kàn
一天，房子破了一个洞，阿大看了，心想："阿二会看

dào de ràng tā qù xiū
到的，让他去修。"

One day, Crow A found a broken hole on the house () and thought:
"Crow B will see and mend it."

ā　èr　kàn dào pò dòng hòu　xiǎng　　ā　dà　shì gē　ge　　yīng gāi shì tā qù xiū
阿二看到破洞后，想："阿大是哥哥，应该是他去修。"

When Crow B saw the hole, he thought: "Crow A is my elder brother,
he certainly will repair the house."

jié guǒ shéi yě méi yǒu qù xiū liǎng zhī wū yā hái shì xiàng wǎng cháng yí yàng fēi lái

结果谁也没有去修，两只乌鸦还是像往常一样飞来

fēi qù dào chù wán shuǎ

飞去，到处玩耍。

Neither of them repaired the hole, they just flied here and there to play happily as usual.

dòng kǒu gèng dà le　ā dà xiǎng　　pò chéng zhè yàng hái néng zhù ma
洞口更大了,阿大想:"破成这样还能住吗?

zhè xià ā èr yí dìng huì xiū le
这下阿二一定会修了。"

When the hole grew bigger and bigger, Crow A thought: "The house is too shabby to live in. Crow B has to repair it now."

ā èr jiàn pò dòng gèng dà le   xīn lǐ yě dí gū   gē ge zhēn shì de
阿二见破洞更大了，心里也嘀咕："哥哥真是的，

fáng zi pò chéng zhè yàng zěn me hái bù xiū ya   wǒ yě bù guǎn
房子破成这样怎么还不修呀？我也不管。"

When Crow B saw the hole getting bigger and bigger, he whispered to himself: "Guy, the house ( ) is so ratty. If you don't mind, I won't care

jiù zhè yàng　shéi dōu bú qù xiū fáng zi　dōng tiān lái le　xuě huā fēn fēi　ā
就这样，谁都不去修房子。冬天来了，雪花纷飞，阿

dà hé ā èr suō zài pò fáng zi lǐ zhí jiào　　lěng a　lěng a
大和阿二缩在破房子里直叫："冷啊，冷啊！"

Still neither of them fixed the house. Winter came, it began to snow. In the broken house the two brothers kept crying: "So cold!"

ā dà xiǎng zhè me lěng ā èr yí dìng nài bú zhù tā huì qù xiū de
阿大想："这么冷，阿二一定耐不住，他会去修的。"

Crow A thought: "So cold! Crow B certainly can not bear it, and will repair the house soon."

ā èr yě xiǎng   zhè me lěng   ā dà yí dìng huì qù xiū de
阿二也想："这么冷，阿大一定会去修的。"

Crow B also thought the same way, so he did not repair it either.

dì èr tiān　　fēng gèng xiōng le　　xuě gèng dà le　　tā men suō
第二天，风更凶了，雪更大了，他们缩
de gèng jǐn le
得更紧了。

The next day, the wind blew harder and harder and it snowed even more heavily. They huddled up more tightly.

yí zhèn kuáng fēng chuī lái　fáng zi dǎo le　zhè xià ā dà hé ā èr dōu shǎ yǎn le
一阵 狂 风吹来,房子倒了,这下阿大和阿二都傻眼了。

With a gust of gale, the house ( ) collapsed. At the sight of the terrible scene, they were all dumbfounded.

请帮乌鸦兄弟从ABCD中选择一块木料修补漏洞。

Please choose one wood from ABCD to mend the broken hole on the house!

小河狸筑坝

Little Beaver and His Dam

xiǎo hé lí de jiā zài xiǎo hé biān   zhè tiān   qín láo de xiǎo hé lí
小河狸的家在小河边。这天，勤劳的小河狸

kāi shǐ yòng mù tóu zhù bà
开始用木头筑坝。

Little beavers (　　　　) lived beside a river. One day, they decided to make a dam with wood to prevent flood. The diligent beavers started the task as soon as they made the decision.

^{xiǎo mǎ tuó zhe miàn dài zi zǒu guò   wèn dào   nǐ men zài gàn shén me   xiǎo}
小马驮着面袋子走过，问道："你们在干什么？"小

^{hé lí shuō   zhù bà ya   xiǎo mǎ shuō   yǔ jì hái zǎo zhe ne}
河狸说："筑坝呀！"小马说："雨季还早着呢。"

Little Horse (), carrying a bag of flour on his back, passed by and
asked:"What are you doing?" "Building a dam," answered the beavers.
Little Horse said:"But, the rainy season is still far away."

xiǎo tù zi jiàn le yě jué de qí guài xiàn zài yòu bú shì yǔ jì zháo shén
小兔子见了也觉得奇怪："现在又不是雨季，着什

me jí xiǎo hé lí shuō wǒ men yào gǎn zài yǔ jì qián bǎ bà zhù hǎo
么急？"小河狸说："我们要赶在雨季前把坝筑好。"

When little rabbit ( ) saw the beavers busy building the dam, he
was curious too and said, "It's not rainy season, why are you in such a
hurry?" Little beavers replied,"We have to build the dam up before the
rainy season comes."

xiǎo xióng lái yuē xiǎo hé lí yì qǐ chū qù wán xiǎo hé lí shuō yǔ jì kuài
小熊来约小河狸一起出去玩。小河狸说："雨季快

dào le wǒ men yào xiān bǎ bà zhù hǎo cái néng ān xīn de qù wán
到了，我们要先把坝筑好才能安心地去玩。"

Little Bear () came to ask the beavers to play with him, but little beavers said,"The rainy season is coming soon. We must first build the dam up, then we can go out and play wholeheartedly."

xiǎo wū guī lái yāo qǐng xiǎo hé lí dào hé duì àn cǎi guǒ zi　　xiǎo hé lí shuō
小乌龟来邀请小河狸到河对岸采果子。小河狸说：

wǒ men děi bǎ bà zhù hǎo cái néng qù
"我们得把坝筑好才能去。"

Little Tortoise () came to invite the beavers to pick fruits on the other side of the river. Little beavers declined, saying, "We must build the dam up before going out."

xiǎo dòng wù men yì qǐ liáo tiān shí dōu xiào huà xiǎo hé lí tā men jué de yǔ
小动物们一起聊天时，都笑话小河狸。他们觉得雨

jì hái zǎo ne
季还早呢。

When the animals were chatting, they all made fun of the little beavers, since the raining season was still far away.

zhè yì tiān   tū rán xià qǐ le dà yǔ   hé shuǐ chōng dào le àn shàng bǎ yì
这一天，突然下起了大雨，河水冲到了岸上，把一

xiē xiǎo dòng wù de jiā chōng huǐ le
些小动物的家冲毁了。

One day, all of a sudden, it rained cats and dogs. The water of the river rushed over the bank and destroyed some houses of the beavers' friends.

xiǎo dòng wù men sì chù bēn táo dōu
小 动 物 们 四 处 奔 逃 ， 都

xià huài le
吓 坏 了 。

Scared by the situation, the animals
run away here and there.

xiǎo hé lí de jiā yīn wèi yǒu bà dǎng zhe suǒ yǐ hěn ān quán tā men gǎn jǐn
小 河 狸 的 家 因 为 有 坝 挡 着 , 所 以 很 安 全 。 他 们 赶 紧

jiào xiǎo dòng wù men dào zì jǐ jiā lái duǒ bì
叫 小 动 物 们 到 自 己 家 来 躲 避 。

The beavers were safe because of the newly-built dam. They invited the animals to come to their house for shelter.

yǔ hái zài xià xiǎo tù zi xiǎo xióng hé xiǎo wū guī yě lái dào xiǎo hé lí jiā bì yǔ

雨还在下，小兔子、小熊和小乌龟也来到小河狸家避雨。

It was still raining. The rabbit (), Bear ( ) and Tortoise ( )
went to the beavers' home for shelter.

dà jiā dōu shuō　　hái shì xiǎo hé lí yǒu xiān jiàn zhī míng　wǒ men yào
大家都说：“还是小河狸有先见之明，我们要

xiàng nǐ men xué xí zuò shì yǒu jì huà
向你们学习做事有计划。”

They all said:"The beavers are cleverer and wiser than us, we
must learn from them to make plans beforehand."

两只小河狸有五处不一样，请你找出来！
There are five differences between the two little beavers, please pick them out!

小蝸牛避雨

Little Snail Took Shelter from Rain

yì tiān   tiān qì fēi cháng qíng lǎng   kě xiǎo wō niú què jí cōng cōng de cháo shān
一天，天气非常晴朗，可小蜗牛却急匆匆地朝山

dòng pǎo qù
洞跑去。

One day, the sky was very clear.A little snail ( ) was moving toward
a cave.

乌鸦看见他,奇怪地问道:"小蜗牛,你这么急急忙

máng de shàng nǎ ér qù ya

忙地上哪儿去呀？"

A crow  saw him and asked: "Little Snail, where are you going in such a hurry?"

xiǎo wō niú dá dào　　wǒ yào dào shān dòng lǐ qù bì yǔ　　nǐ yě kuài qù duǒ
小蜗牛答道:"我要到山　洞里去避雨,你也快去躲

yì duǒ ba
一躲吧!"

Little Snail replied: "I'm going to the cave to hide from the rain. You should take a shelter too."

别逗了，红红的太阳，蓝蓝的天，哪里是要下雨的样子呀！"乌鸦不相信，继续玩耍。

"Don't be silly, the sun ( ) is red, the sky is blue, there is no trace of going to rain." The crow did not believe him and kept on playing.

nà jiù děng zhe qiáo ba xiǎo wō niú cháo bù yuǎn chù de shān dòng gǎn qù
"那就等着瞧吧！"小蜗牛朝不远处的山洞赶去。

"Then we will see." Little Snail () hurried to the cave.

méi duō jiǔ　tiān kōng piāo lái　jǐ duǒ wū yún　jǐn jiē zhe　dòu dà de
没多久，天空飘来几朵乌云，紧接着，豆大的

yǔ diǎn jiù pī lī pā lā de diào xià lái le
雨点就噼哩啪啦地掉下来了……

Shortly after, several dark clouds floated by, and then raindrops began to fall.

dà yǔ lín shī le wū yā de yǔ máo， tā jiān nán de cháo shān dòng fēi qù
大雨淋湿了乌鸦的羽毛，他艰难地朝山洞飞去。

The crow's feather was soaked by the heavy rain, and he flied very hard towards the cave.

zài dòng lǐ　　hún shēn shī tòu de wū yā kàn jiàn le xiǎo wō niú

在洞里，浑身湿透的乌鸦看见了小蜗牛。

In the cave, the wet crow () met the Little Snail () again.

wū yā hào qí de wèn　　xiǎo wō niú　nǐ shuō de
乌鸦好奇地问：“小蜗牛，你说得

zhēn zhǔn　　kě nǐ shì zěn me huì yù xiān zhī dào tiān yào
真准，可你是怎么会预先知道天要

xià yǔ de
下雨的？”

Crow asked with curiosity: "Little Snail, what you said is correct, but how do you know that it was going to rain?"

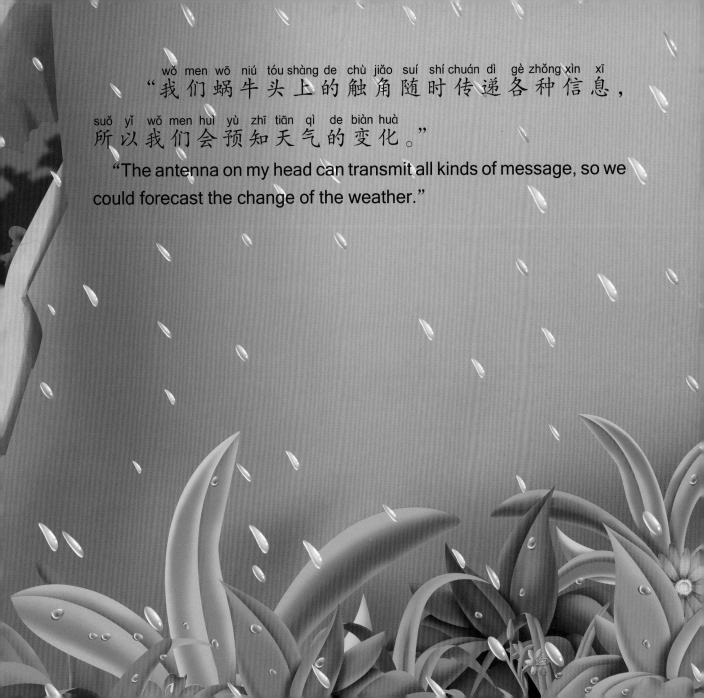

wǒ men wō niú tóu shàng de chù jiǎo suí shí chuán dì gè zhǒng xìn xī
"我们蜗牛头上的触角随时传递各种信息，

suǒ yǐ wǒ men huì yù zhī tiān qì de biàn huà
所以我们会预知天气的变化。"

"The antenna on my head can transmit all kinds of message, so we could forecast the change of the weather."

wū yā tīng le　　gāo xìng de shuō　　zhè xià hǎo le　　nǐ yǐ hòu kě yǐ dāng
乌鸦听了，高兴地说："这下好了，你以后可以当

wǒ men de tiān qì yù bào yuán le
我们的天气预报员了。"

The crow was happy after hearing this: "Great, you could be our weather forecaster from now on."

小海豚 双语童话

图书在版编目(CIP)数据

猴子和大象/侯冠滨编绘;蔡关平翻译.-北京:海豚出版社,2006.6

(小海豚双语童话)

ISBN 7-80138-622-1

I.猴... II.侯... III.图画故事-中国-当代 IV.I287.8

中国版本图书馆CIP数据核字(2006)第044072号

书　　名	猴子和大象	
作　　者	侯冠滨　编绘　蔡关平　翻译	
出　　版	海豚出版社	
地　　址	北京百万庄大街24号　　邮政编码　100037	
电　　话	(010)68997480(销售)　(010)68326332(投稿)	
传　　真	(010)68993503	
印　　刷	北京地大彩印厂	
经　　销	新华书店	
开　　本	24开(889毫米×1194毫米)	
印　　张	4	
版　　次	2006年6月第1版　2006年6月第1次印刷	
标准书号	ISBN 7-80138-622-1	
定　　价	10.80元	